아무도 가르쳐줄 수 없는
나의 길

도서출판 생명

끝도 없이 펼쳐진 길을 걷는 당신에게,
새로운 이정표를 선물합니다.

_____ 님께

_____ 드림

…… 이 길의 끝에는 무엇이 있을까요?

"아, 아! 지금 **열차가 출발**하오니
승객 여러분께서는
안전하게 승차하여 주시기 바랍니다."

자, 이제 여행을 시작합니다.
끝도 보이지 않을 만큼 길게 펼쳐진 길 위에서,
당신은 가볍게 열차에 몸을 싣습니다.

어디로 가야 하는지,
이 길의 끝에 무엇이 있을지는 알지 못합니다.
그저 보이는 길을 갈 뿐입니다.

이 길고 긴 여정, 함께 가 볼까요?

1.
김씨 아주머니의 길

"사람이 정성이 지극하면 안될 일이 없어. 응?

빌고 빌고 또 빌면
하늘님이 다~ 잘되게 해주신다니까."

우리 동네 김씨 아주머니는 굿과 점을 매우 좋아하셨습니다.
아주머니는 종종 동네 사람을 모아놓고 무당을 불러 굿판을 벌이셨는데,
그때마다 아주머니는 손이 발이 되도록 빌고 또 빌었습니다.

무당의 굿 탓인지, 효험이 있는 점집에서 사온 부적 때문인지,
남편의 사업은 번창했고, 토끼 같은 자식들도 바르게 성장했습니다.
아주머니의 삶은 날이 갈수록 좋아지는 듯했습니다.

아주머니 얼굴에 핀
웃음꽃은
영원히 지지
않을 것 같았습니다.

1년 뒤,

아주머니의 집에 일이 터졌습니다.

사업을 잘하던 남편에게 젊은 여자가 생겼습니다.
남편은 아주머니에게 이혼을 요구했고,
돈을 두둑이 챙겨줄 테니 그만 헤어지자고 말했습니다.
아주머니는 억장이 무너졌습니다.

잘 키운 딸은 나이가 차자 맞선 자리가 끊이지 않았습니다.
좋은 집안의 아들과 맞선을 통해 결혼했지만,
딸 역시 남편의 외도로 어머니처럼 이혼의 절차를 밟았습니다.

둘째 아들은 일류 대학에 진학했으나,
우울증으로 학업을 중도하차 했습니다.
총명하던 아들은 집과 병원을 오가며 무기력하게 지내고 있습니다.

아주머니는 무당을 찾아가 물었습니다.

"아니, 내가 그동안 처들인 돈이 얼만데!
남편은 젊은 년 만나서 집 나가고! 자식새끼는 하나는 이혼하고 하나는 돌고!
다 잘된다며!! 문제없을 거라며!!!"

"이게 어디서 행패야?
다 니가 전생에 진 죄가 많아 그런 거지!"

"그래두 아지매는 좋겠어. 돈이라도 많잖아.
남편 놈, 자식새끼 다 소용없대두. 돈이 최고여……."

지금도 아주머니는 남들이 부러워하는 고급 차를 끌고,
넓은 집에서 떵떵거리며 살고 있습니다.

아주머니는,
행복할까요?

"다른 이로써는 구원을 받을 수 없나니
천하 사람 중에 구원을 받을 만한 다른 이름을
우리에게 주신 일이 없음이라 하였더라"

사도행전 4장 12절

2.
박씨 아저씨의 길

"사장님!
이번에 국가에서 정하는 우수 중소기업으로 우리 회사가 **뽑혔답니다.**
경사네요!

사장님께서 노력하신 결과입니다!"

박씨 아저씨는 수완이 좋은 **사업가**입니다.

아저씨는 어렸을 적 가난한 가정에서 자랐습니다.
무능력한 부모에 진절머리가 난 아저씨는
나이 스물에 몸 둘 곳 하나 없는 서울로 올라왔습니다.

억척같이 청춘을 보낸 결과,
아저씨는 나이 마흔이 안되어 자신의 사업체를 가지게 되었습니다.
사업은 날이 갈수록 커졌고, 수중의 돈도 늘어만 갔습니다.

아저씨는 결혼하여 아이가 둘 있었습니다.
자식들은 모두 문제없이 잘 성장했습니다.

하지만 어쩐지
아저씨의 **마음**은
사업에만 **몰두하던** 그때보다
더 허무했습니다.

+16.14

"마셔, 마셔!
거지 같은 집구석 다 잊어버리고 마시자고!"

하루걸러 하루 유흥주점을 갔습니다.
아저씨에게는 술이 허무한 마음을 달래는 유일한 방법이었습니다.

자신에게는 관심도 없고, 돈에만 반색하는 아내가 싫어집니다.
간만에 집에 들어와도 오셨냐는 말 한마디에
제 방으로 쏙 들어가 버리는 아들, 딸이 야속합니다.

아저씨의 마음은 구멍이 뻥 뚫린 듯했습니다.

어느 날,

아저씨에게 여자가 있다는 사실을 가족이 알게 되었습니다.

아내와 자식들은 이를 애써 모르는 체 했습니다.
그 누구도 아저씨에게 정황을, 아저씨의 마음을 묻지 않았습니다.

아저씨는 허탈했습니다.
이제는 돈이 아저씨보다 가치 있고 사랑받는 존재가 되었습니다.

"사장님은 걱정이 없으시겠습니다.
사업도 잘 되시고 가정도 화목하시니 말입니다.
허허허!"

아저씨에게는 값진 외제 세단과 여러 부동산,
그리고 가정에 헌신하는 아내와 자랑거리 많은 자식이 있습니다.

하지만
아저씨의 마음,
행복할까요?

"수고하고 무거운 짐 진 자들아

다 내게로 오라

내가 너희를 쉬게 하리라"

마태복음 11장 28절

3.
서른넷, 박수연의 길

수연씨는 유복한 집안의 장녀로 태어났습니다.

수연씨는 어렸을 적부터
"다 너 잘되라고 하는 이야기야."
라는 어머니의 말에 무조건 순종했습니다.

어머니가 원하는 대로 살다 보니, 삶도 잘 풀리는 것 같았습니다.
수연씨는 열심히 공부한 끝에 K대 법학과에 입학했습니다.
대학 졸업 후에는 떡하니 사법고시에 합격했고,
탄탄대로 같은 인생에 어머니가 골라준 신랑감과 맞선을 보고 결혼했습니다.

**"거 보렴, 엄마 말 하나도 틀린 게 없단다!
그냥 엄마가 하라는대로 잘~ 따라오면
행복은 보장이야!"**

수연씨에게 어머니의 말은 명령이요 진리였습니다.
어머니의 말을 따라 수연씨는 남부럽지 않은 삶을 살았습니다.

"엄마 말 들어.
다 너 잘되라고 하는 소리야."

"이혼해, 우리."

수연씨에게 불행이 닥친 것은 얼마 지나지 않아서였습니다.

결혼 생활이 잘 유지되는 듯했지만,
수연씨는 결혼한 지 일 년도 안되어
남편에게 다른 여자가 생겼다는 사실을 알았습니다.

평범하게, 흠 잡을 데 없이 사는 것이 인생의 목표였는데,
어머니가 자랑스러워하는 인생이 자신의 꿈이었는데,
수연씨의 인생에 처음으로 오차가 생기기 시작했습니다.

남편은 이혼을 요구했고,
자신의 인생에 처음으로 남겨진 오점에 수연씨는 무기력해졌습니다.

수연씨는 잘 살고 있습니다.
이혼녀라는 타이틀을 달게 되었지만,
오히려 재혼임에도 맞선 자리가 끊이지 않습니다.
이혼 후에도 수연씨는 당당한 워킹 우먼으로,
존재만으로도 아름답습니다.

아름다운 수연씨,
그녀의 삶도 언제까지나
아름다울까요?

"내 영혼아 네가 어찌하여 낙심하며
어찌하여 내 속에서 불안해하는가
너는 하나님께 소망을 두라
그가 나타나 도우심으로 말미암아
내 하나님을 여전히 찬송하리로다"

시편 43장 5절

4.

스물일곱, 박진호의 길

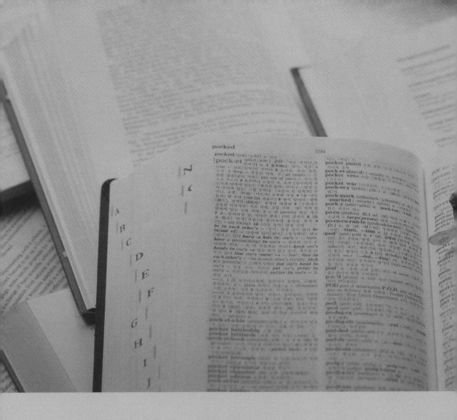

"또 1등이네, 우리 아들!"

진호씨는 유복한 집안의 1남 1녀 중 둘째로 태어났습니다.
어렸을 때부터 영특했던 진호씨는 값비싼 영재교육을 받았고,
과학고를 졸업해 KAIST에 조기 입학했습니다.
좋은 머리만큼 피나는 노력도 했지만,
진호씨의 삶은 운명처럼 좋은 쪽으로만 흘러갔습니다.

하지만 진호씨는 첫 학기에 한 과목에서 F 학점을 맞으며
노력으로 이루어지지 않는 일을 경험했습니다.

진호씨는 성적이 나온 뒤 잠을 이루지 못했습니다.
늘 최선을 다했다고 생각했는데, 진호씨의 최선은 최선이 아니었습니다.
진호씨는 식음을 전폐하며 공부했고, 결국 대학원에 진학했습니다.
부모님은 집안에 교수가 나겠다며 좋아하셨습니다.

하지만 진호씨는 대학원에서 더 치열해질 경쟁에 눈앞이 깜깜했습니다.
이제 공부하는 기계처럼 아무런 꿈도 미래도 없이 공부할 뿐입니다.
진호씨는 점점 무기력해졌습니다.

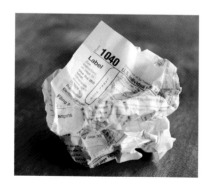

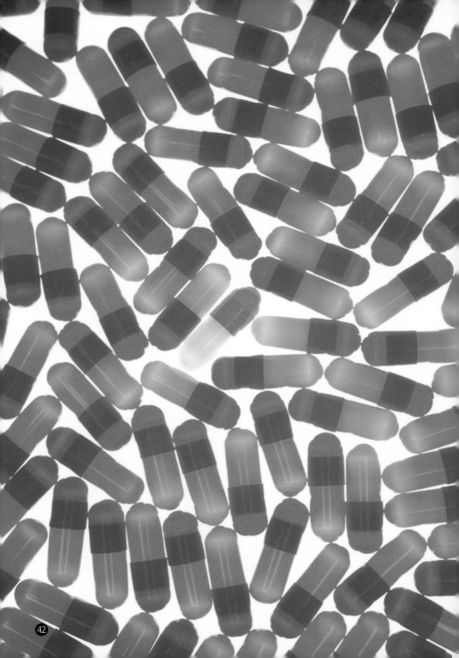

결국, 진호씨는 연구실 동료의 권유로 병원을 찾았습니다.
우울증 진단을 받고 약을 복용하기 시작했습니다.
학교에는 휴학계를 제출하고, 자연스럽게 방 안에서 하루를 보냈습니다.

침대에 누워서, 멍하니 TV를 보면서, 인터넷 게임을 하면서,
지금까지와는 전혀 다른 삶을 살기 시작했습니다.
진호씨는 무한경쟁에 치이는 학교보다는
차라리 방 안에서의 삶이 편하다고 합니다.

스트레스 없는
진호씨의 삶,
과연 평안할까요?

"또한 모든 것을 해로 여김은
내 주 그리스도 예수를 아는 지식이
가장 고상하기 때문이라
내가 그를 위하여 모든 것을 잃어버리고
배설물로 여김은 그리스도를 얻고"

빌립보서 3장 8절

그리고,
당신의 길

김씨 아주머니 댁은 요 근래 조용합니다.
아무래도 최근 몇 년 동안 일이 많았으니 그럴 만도 하겠죠.

가끔 옆집을 보면서, 그래도 우리 집은 다행이구나 싶습니다.
재산이 많은 것도 아니고, 학벌이 좋은 것도 아니지만,
그래도 이냥 저냥 남에게 아쉬운 소리 안 하고 사는 것이 좋은 것 같습니다.
살면서 어디 문제 하나 없을 수 있나요.
그래도 이런저런 일을 해결하면서 살아가는 게
인생의 소소한 보람이라고 생각합니다.

하지만 마음 한구석은 불안하기도 합니다.

몇 년 전만 해도 김씨 아주머니댁은 정말 화목했거든요.
하루아침에 그 행복이 깨질 수도 있다고 생각하니,
사는 것이 막연할 때가 종종 있습니다.

김씨 아주머니처럼 점집을 갈까 생각하지만,
아주머니댁이 하루아침에 그리된 것을 보니 효험이 있어 보이지는 않습니다.

알 수 없는 미래에 불안해도 그러려니 하고 삽니다.
열심히 살다 보면 언젠가는 빛을 볼 날도 있겠지요.

삶이 다 그런 것 아니겠습니까.

과연 삶이란
다 그런 걸까요?

김씨 아주머니와 박씨 아저씨, 그리고 수연씨와 진호씨.
한가족이지만 제각기 다른 길을 걷는 것처럼 보입니다.
하지만 그들이 달려가는 곳, 그들이 닿고자 하는 곳은 바로 행복입니다.
하지만 어쩐 일인지 '그곳'에 도달하기가 쉽지만은 않아 보이네요.

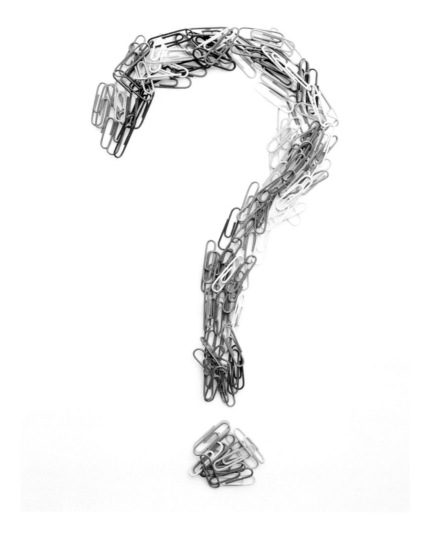

행복의 조건이 무엇이라고 생각하나요?

사람들은 많은 것을 이야기합니다.
행복하려면 돈이 좀 있어야지.
무슨 소리야, 돈은 좀 없어도 토끼 같은 자식과 예쁜 마누라면 행복하지 않겠어?
아냐, 그래도 사회적으로 인정받고, 출세하고 그래야지.
그래도 역시 학벌이 중요해. 머리에 든 게 많아야 뭐든 잘되는 거라고.

모두가 열심히 길을 달려갑니다. 각자의 길이 있고 방법이 있습니다.
박씨 아저씨는 돈을 열심히 벌었고,
김씨 아주머니는 가족을 위해 헌신적으로 빌었습니다.
수연씨는 출세를, 진호씨는 공부를 향해 열심히 뛰었습니다.
하지만 이 네 사람, 각기 다른 길을 걸었지만 모두 행복에는 도달할 수 없었습니다.

왜 그럴까요? 더 열심히 하지 않아서? 운이 없어서? 아니면 원래 그럴 운명이라서?

당신은 어떤가요?
당신이 달려가는 그 길, 다른 사람과 정말 다른 길일까요?
그 길의 끝에 다른 결말이 기다리고 있을까요?
큰 문제 없이, 큰 고민 없이, 하루하루 열심히 성실하게 사는 당신의 결말은,

과연 그들과 다를까요?

당신은 비행기를 탑니다.

비행기는 늘 그렇듯 사람 가득 만원입니다.
자리를 잡고 앉은 당신. 짐을 풀고 느긋하게 눈을 감아봅니다.
이제 몇 시간 후면 목적지에 도착하겠죠.

하지만 이를 어쩌죠, 이 비행기는 당신이 원하는 목적지로 가지 않습니다.
하이재킹을 당했거든요. 하지만 이 사실을 당신도, 그 누구도 모릅니다.
다만, 영화처럼 괴한이 총을 들고 등장하는 대신,
비행기가 당신이 모르는 어딘가로 향하고 있을 뿐이죠.

비행기의 승객들은 하나하나 다 다른 사람입니다.
해외 세미나를 가는 일류 대학 교수, 거래처와의 계약을 위해 급히 출국한 사업가,
유학길에 오른 학생, 잘 키운 자식 덕에 효도관광을 떠나는 노부부,
운 좋게 해외여행에 당첨되어 난생처음 비행기에 오른 기초생활수급자 가족,
영문도 모른 채 해외로 입양을 가는 아기, 사채 빚에 쫓겨 해외로 도피하는 남자…….
좁은 비행기 안에도 수많은 사람이 있습니다.

머리가 좋아도, 명예와 권력이 있어도, 돈이 많아도 상관없습니다.
각자 다른 삶을 살았고, 다른 길을 걸었지만, 결국 그들은 같은 곳을 향해 갑니다.

문제 하나가 해결되어 숨을 돌리면, 기다렸다는 듯 다른 곳에서 문제가 생깁니다.
눈에 보이는 문제를 해결해도,
계속되는 어려움에 죽을 때까지 마음을 놓을 수 없습니다.

왜 그럴까요.
각자 다른 길을 걷고, 다른 삶을 살지만
어쩐지 똑같이 불행해지는 것 같습니다.

왜, 일까요?

성경 창세기 3장에는
인간이 왜 끊임없는 문제와 고통에 고생하는지 나와 있습니다.

겉으로는 각기 다른 삶을 사는 것 같지만,
모두가 겪는 고통의 시작은 똑같습니다.
하나님과 함께할 때 행복하도록 창조된 인간이,
하나님을 떠나면서 인간의 길은 달라졌습니다.
마치 도착 예정지로 향하던 비행기가 납치된 것처럼요.

타고 있는 비행기가 같은 이상, 종착점은 비극일 뿐입니다.
인간은 각기 다른 문제와 고민을 이고 살지만,
결국 같은 인생의 길을 걷고 있습니다.

그 길을 벗어나지 않는 이상,
그 길을 걸어서 가든, 뛰어서 가든, 차를 타고 가든,
같은 결말을 맞이합니다.

그 길의 종착점은, 멸망입니다.

"복 있는 사람은 악인들의 꾀를 따르지 아니하며
죄인들의 길에 서지 아니하며
오만한 자들의 자리에 앉지 아니하고"^{시편 1장 1절}

방법은 단 하나,
길을 갈아타는 것입니다.

RAIL ROAD
CROSSING

2
TRACKS

SOS

구원 救援

[명사]

1. 어려움이나 위험에 빠진 사람을 구하여 줌.

2. 〈기독교〉 인류를 죽음과 고통과 죄악에서 건져 내는 일.

당신의 고통과 죄악, 환경과 문제,
괴로움과 어려움에 상관없이 행복해지는 길이 바로 **구원**입니다.

그렇다면 이 구원은 어떻게 받을 수 있을까요?

요한복음 1장 12절에
"영접하는 자 곧 그 이름을 믿는 자들에게는
하나님의 자녀가 되는 권세를 주셨으니"
라고 말씀하고 있습니다.

하나님의 자녀가 되는 권세를 받는 것, 그것이 바로 **구원**입니다.

매주 교회에 출석하고 봉사활동을 한다고 해서 하나님을 믿는 것이 아닙니다.
물론, 필요한 일입니다. 하지만 선행을 많이 한다고 해서 구원 받지는 않습니다.
더 중요한 것은 당신 안에 있습니다. 바로 '**믿음**'이죠.

하나님을 떠나 행복을 좇아 방황하는 인간을 위해,
사탄의 권세를 멸하시고, 우리의 모든 죄를 사하시며,
하나님 만나는 길 되신 **그리스도**가
인간의 몸을 입고 우리에게 오셔서 십자가에서 죽으시고 부활하셨습니다.

당신이 지금 예수 그리스도를 구원자로 당신의 마음속에 영접할 때,
당신은 **생명**의 길로 옮겨갑니다.

당신이 서 있는 끝도 없는 불안의 길,
안개처럼 그 흐린 길에서 생명의 길로 벗어나는 방법은 간단합니다.

로마서 10장 10절에
"사람이 마음으로 믿어 의에 이르고
입으로 시인하여 구원에 이르느니라"라고 말씀하고 있습니다.

예수님을 마음으로 믿고 입으로 시인하여 구원 받는 것은 어려운 일이 아닙니다.
교회에 가서 무릎을 꿇을 필요 없습니다.
많은 헌금도 필요 없습니다.
시적이고 우아한 기도도 필요 없습니다.
예수 그리스도가 당신의 모든 문제를 해결하신 구원자임을 믿는다면,
당신의 믿음을 기도로 고백하면 됩니다.

박씨 아저씨, 김씨 아주머니, 수연씨, 진호씨와 같이
끝없이 노력해도 당신의 길은 어둡기만 한가요?
행복을 찾아 쉼 없이 몸부림쳐야 하는 이 길에서
생명과 평안이 있는 행복의 길로 옮겨가고 싶은가요?
열심히 달리고 있지만, 삶의 끝에 바라던 행복이 없을까
불안하고 걱정되나요?

지금 바로,
당신의 진실한 기도를 통해
생명의 길로 들어갈 수 있습니다.

하나님, 나는 당신이 누구인지 잘 모릅니다.
하지만 나는 이 고달프고 불안한 삶 속에서,
당신이 나를 끄집어낼 유일한 분임을 믿습니다.
당신만이 나를 한 치 앞도 보이지 않는 이 길에서
참 행복으로 가는 길을 안내할 것을 믿습니다.

그동안 이정표 없이 달려왔던 이 길에서 나는 외롭고 힘들었습니다.
세상은 내게 무조건 달리라고 외치는데, 나에게는 이유가 없었습니다.
열심히 하면 무언가 될 것 같은데,
종착역이라 생각했던 그곳에는 아무것도 없었습니다.
무엇이 행복인지, 평안인지 모르고 살았습니다.

하나님, 이제는 편해지길 원합니다.
불안과 고통으로 얼룩진 이 길에서 벗어나고 싶습니다.
그동안 하나님을 알지 못하고 힘겨워하던 이 길에서 벗어나고 싶습니다.
내가 본 적도 없고, 만난 적도 없는 예수님이 나를 사랑하사
나를 구원하시기 위해 십자가에서 죽으시고 부활하셔서
지금 내 마음을 두드리고 계심을 마음으로 믿고 고백합니다.

지금 이 시간, 내 마음의 중심에 오셔서 나의 삶의 주인이 되어주세요.
내가 어찌하지 못하는 이 삶,
하나님이 나의 주인이 되셔서 행복으로 인도하시고 보호해 주세요.
하나님의 자녀가 되어 이 길을 기쁨으로 걸을 수 있도록
나를 축복해 주세요.

예수 그리스도의 이름으로 기도합니다. 아멘.

이 기도를 믿음으로 읽었다면,
당신은 이미 생명의 길에 서 있습니다.

"자, 다시 시작합니다."

복음을 함께 나누고 싶습니다.
궁금한 점이 있으시거나 상담이 필요하시면
언제든지 연락 주세요.

이　름

핸드폰

이메일

아무도 가르쳐줄 수 없는
나의 길

초판 1쇄 발행	2000년 10월 15일
초판 9쇄 발행	2018년 1월 22일
초판 10쇄 발행	2023년 3월 6일

저 자	류광수 목사
발 행 처	사단법인 세계복음화전도협회 | 도서출판 생명

주 소	서울시 강서구 강서로 56길 84(237센터)
홈페이지	www.weea.kr